Bildermaus

Daisy Meadows

Ein Welpe braucht Hilfe

Illustriert von Nadine Reitz

Mit besonderem Dank an Valerie Wilding

Ihre Meinung zählt!

Nehmen Sie jetzt an einer kurzen Elternbefragung
des Loewe Verlags teil und beeinflussen Sie
die zukünftige Entwicklung unserer Kinderbücher:

www.elternbefragung.online

Unser Kinderbuch-Newsletter bietet alle Infos zu
Neuerscheinungen und tollen Veranstaltungen,
exklusive Gewinnspiele und vieles mehr!

Jetzt kostenlos abonnieren: *www.loewe-verlag.de*

Inhalt

Schluckauf mit Blubb   6

Herr Federschlau hilft   19

Im Café Fliegenpilz   30

Schluckauf mit Blubb

Lili und Jessi besuchen endlich

wieder Goldi, die . Goldi lebt in

einem großen magischen .

Alle   in dem   können

sprechen. Heute basteln die

und die   ein . Es ist für

Freddie Fröhlich, den .

„Morgen kommt Freddie in

die  ", sagt Goldi. „Das

wird ihm bestimmt sehr gefallen!"

Vorsichtig formt Jessi aus fester

eine . Dann füllen die

die  mit kleinen .

Drei glitzernde , bunte

und ein rotes  legen sie hinein.

Lili steckt noch ein grünes

dazu. Es sieht aus wie ein .

Schon ist die  bis oben voll.

Jessi bindet sie mit silbernen

zu. „Die  🎁 sieht wunderschön

aus", findet Goldi. „Sollen wir sie

jetzt gleich zu Freddie bringen?"

Jessi und Lili stimmen sofort zu.

„Ja, gehen wir zu ihm!" Fröhlich

laufen sie durch den . Durch

die  der scheint die .

Frau Mauseohr und Pia Puschel,

das  , winken ihnen unterwegs

zu. Gut gelaunt winken sie zurück.

Dann sind die  und die

bei Freddies . Freddie rennt

zum 🚪. „Kommt herein!", ruft

er. Goldi überreicht ihm lächelnd

das 🎁.

„Viel  in der  ", sagt sie.

„Ja, viel  ", wünschen auch Jessi

und Lili. „Danke!", sagt Freddie.

Neugierig schaut er in die  . „Oh,

so schöne !", freut er sich.

Herr Fröhlich gießt für alle roten

in . Frau Fröhlich verteilt

mit  . Aber Freddie möchte

keinen  . Auf einmal lässt er

den   hängen.

„Stimmt etwas nicht?", fragt Jessi.

Freddie nickt. „Ich bin so aufgeregt

wegen der  ", sagt er. „Ob

die anderen  mich mögen

werden?" Lili nickt: „Bestimmt!"

„Und ob die  nett ist?", fragt

Freddie leise. „Ganz sicher!",

sagt Goldi. „Frau Tintenpfote ist

eine sehr nette ." Doch Freddie

sieht immer noch unglücklich aus.

Plötzlich bekommt er  .

Hicks! Jessi klopft ihm auf den .

Er hickst wieder. „Trink etwas ",

schlägt Lili vor. „Das hilft bestimmt."

Freddie trinkt schnell aus seinem .

Doch der  ist immer noch da.

Jetzt kommt auch noch eine

aus seiner . *Hicks!* Noch eine.

Hicks! Blubb! Und noch eine 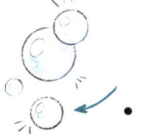.

Armer Freddie. Er ist sehr traurig.

„Ich … hicks! … kann morgen nicht

in die  gehen", sagt er.

„Nicht, wenn ich dauernd hicksen

muss", seufzt Freddie. „Wir helfen

dir dabei, dass dein  schnell

verschwindet", sagt Lili. Jessi

lächelt: „Und keine mehr aus

deiner blubbern."

Herr Federschlau hilft

Jessi und Lili wissen genau, wer

ihnen helfen kann. Herr Federschlau,

der ! Die und Goldi

treffen ihn vor seinem . Er

trägt einen lustigen , der

mit bunten geschmückt ist.

Um die flattern .

„Hallo, Herr Federschlau", begrüßt

Jessi den . „Was ist das für ein

hübscher ?" Herr Federschlau

lächelt stolz. „Er ist ein 🦋 für

die 🎩 ", sagt er. „Ich meine,

ein 🎩 für die 🦋🦋 !"

Herr Federschlau verhaspelt sich

oft. „Wir haben Freddie Fröhlich

mitgebracht", erklärt ihm Lili ernst.

„Sein  hört einfach nicht

mehr auf." Freddie tritt nach vorne.

„Freddi, wie geht es dir?", fragt Herr

Federschlau freundlich. „Hicks!",

macht Freddie laut. Eine große

kommt aus seiner . „Ich …

hicks … mache … hicks … ",

jammert Freddie.

„Oje", sagt Herr Federschlau ernst.

„Freddie hat . Norge dich

sicht." Der  lacht. „Ich meine,

sorge dich nicht. Ich weiß, wie du

die  loswerden kannst."

Lächelnd schaut er Freddie an.

„Wie denn?", fragt Goldi. Herr

Federschlau erklärt: „Freddie muss

die  anhalten und die

zählen." Jessi kichert.

„Freddie, du musst die

anhalten und die  zählen",

sagt sie. „Klopfe auf deine ,

wenn du einen gezählt hast."

Freddie holt tief  .

Die  kitzeln Freddie an

den , einer nach dem anderen.

Bei jedem  fasst er sich an

die . Herr Federschlau zählt

mit. „Eins ... vier ... zwei ... sieben."

Er lacht wieder.

Freddies  zuckt. Wirklich, Herr

Federschlau ist so lustig! „Haha!

Hicks." Eine kleine  blubbert aus

Freddies  . „Hihi! Hicks!" Freddie

kann nicht aufhören zu lachen.

Und auch nicht zu hicksen.

Immer mehr  kommen aus

seiner 🐶. Goldi flüstert Lili und

Jessi zu: „So kann Freddie nicht in

die 🏫 gehen." Lili denkt nach.

„Vielleicht hilft etwas, das ihn sehr

überrascht", meint sie leise.

Jessi grinst. Ihr ist etwas Tolles

eingefallen. „Wie wäre es mit

einer ?", fragt sie. Lili klatscht

in die . „Ja! Eine  für alle,

die morgen in die  kommen!"

Im Café Fliegenpilz

Lili, Jessi und Goldi sind im .

Sie bereiten alles für die  vor.

Dankbar umarmt Jessi Frau Hoppel,

die . „Es ist sehr nett von euch,

dass wir in eurem  feiern

dürfen", sagt sie. Herr Hoppel steht

auf einer .

Er hängt goldene  auf.

Lili malt ein . Darauf steht

großgeschrieben: Viel  in

der . Die kleine Hasi Hoppel

passt an der  auf.

Plötzlich quiekt sie aufgeregt: „Sie

kommen!" Alle verstecken sich

schnell hinter den  und .

Vorsichtig linsen Jessi und Lili um

die . Da betritt Freddie das .

Hinter ihm kommen

und   herein. Und dann

noch   und . Zuletzt

erscheint auch Frau Tintenpfote,

die . Freddie sieht sich um.

„Was ist denn hier los?", fragt er.

„Hicks!" Eine  schwebt aus

seiner . Goldi, die  und

die  springen auf. „HURRA!",

rufen sie laut. Freddie springt

erschrocken in die .

Er sieht sehr verdutzt aus. Genauso

wie die anderen . Dann

fangen alle an zu lachen. „Puh,

habt ihr mich überrascht!" Freddie

kichert und strahlt über das

ganze 🐶.

Jessi und Lili sehen sich an und

müssen grinsen. „Hurra!", jubelt

Lili. „Freddie hat keinen  mehr!"

Alle Tiere freuen sich. Die

spielen  und  .

Herr Hoppel verteilt  mit

leckerer  und . Frau Hoppel

macht für alle herrlich süßen .

Goldi und die  haben einen

großen  mit leckerer

gebacken.

Das größte  gibt Freddie Frau

Tintenpfote. „Vielen Dank, Freddie",

sagt die . „Ich freue mich auf

morgen. Du auch?" Freddie wedelt

mit dem . „Ja", antwortet er

aufgeregt und lacht.

Herr und Frau Fröhlich haben auch

ein  für Freddie. Es ist ein neuer

blauer  mit roten . Und

im  steckt die , aus der

Freddie ein paar  holt.

„Morgen teile ich meine

mit den anderen ", sagt er.

„Ich freue mich schon so auf

die ." Jessi und Lili lächeln.

Sie sind so gerne bei den  im

magischen .

Die Wörter zu den Bildern:

 Katze

 Schultüte

 Wald

 Stifte

 Tiere

 Süßigkeiten

 Mädchen

 Jojo

 Geschenk

 Lineal

 Welpe

 Krokodil

 Schule

 Bänder

 Pappe

 Äste

 Bäume

 Nüsse

 Sonne

 Schwanz

 Eichhörnchen

 Tierkinder

 Haus

 Lehrerin

 Gartentor

 Schluckauf

 Glück

 Rücken

 Kirschsaft

 Blase

 Becher

 Schnauze

 Kekse

 Uhu

 Hut

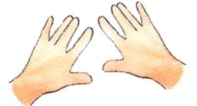 Hände

 Blumen

 Café

 Blüten

 Kaninchen-
dame

 Schmetterlinge

 Leiter

 Blasen-
Schluckauf

 Ballons

 Luft

 Schild

 Nase

 Spaß

 Ohren

 Tür

 Party

 Tische

 Stühle

 Schüsseln

 Ecke

 Eiscreme

 Kaninchen

 Heidelbeeren

 Mäuse

 Kakao

 Igel

 Kuchen

 Enten

 Schokolade

 Gesicht

 Stück

 Topfschlagen

 Rucksack

 Blindekuh

 Riemen

Daisy Meadows ist das Pseudonym einer erfolgreichen Autorengruppe aus England. Sie haben die erfolgreichen Kinderbuchserien „Die fabelhaften Zauberfeen" und „Die magischen Tierfreunde" geschrieben. Ihre Bücher haben sich weltweit mehr als 30 Millionen Mal verkauft.

Nadine Reitz, geboren 1976, verbrachte ihre Kindheit im beschaulichen Vehlefanz – umgeben von Wiesen, Feldern, Tieren und verzauberten Orten. Schon als kleines Mädchen war sie fasziniert von Papier, Stiften und Farben und träumte davon, Bilder für Kinderbücher zu malen. Seit 2011 arbeitet sie als freie Illustratorin und Grafikerin. Heute lebt sie mit ihrer Familie und drei flauschigen Katern am schönen Niederrhein.

Bildermaus

Mit Bildern lesen lernen

ISBN 978-3-7432-1420-0

ISBN 978-3-7432-1393-7

ISBN 978-3-7432-1421-7

Das will ich lesen!